# Ka Wai o ka Niu

## Buke 2

He Pukehana Hoʻomaʻamaʻa Mākauʻōlelo
me nā Haʻawina Kuʻuna Hawaiʻi no nā Keiki ma ka

## Papa 1

Kākau ʻia na Karen Kamalu Poepoe

Kahakiʻi ʻia na Koki Foster

 Kukuiehu
Series

Paʻi ʻia e Kualapuʻu Public Conversion Charter School, he kula ʻAhahuina Hoʻokākoʻo,
ma lalo o ke kālā haʻawina na ka Administration for Native Americans,
U.S. Department of Health and Human Services.

Hoʻopuka ʻia e ke:
Kula Kaiapuni o Kualapuʻu
Kualapuʻu Public Conversion Charter School
PO Pahu 260
Kualapuʻu, HI 96757

---

Kākau ʻia na Karen Kamalu Poepoe
Kaha kiʻi ʻia na Jenette "Koki" Foster
Hoʻonohonoho ʻia na Jeannine Rossa

Kiʻi pale puke ʻia na Kanoelani Davis

# Ka Papa Kuhikuhi

!!!

# Moʻolelo 1: Nā Ao Uliuli

E hele ana ʻo Mele a me Maile i kahakai.

E pāʻani ana lāua i ke one wela.

E ʻeli ana lāua i ka lua nui.

E kanu ana ʻo Mele iā Maile i ke one.

E kanu ʻia ʻo Maile a hiki i kona ʻāʻī!

E lele ana 'o Mele a me Maile i loko o ke kai hu'ihu'i.

E huli ana lāua i nā i'a.

E lele ana lāua mai luna a'e o ka pōhaku.  E pakī ana ke kai!

Ke ho'omākaukau nei lāua.

Ke kalaiwa nei 'o Pāpā i ke ka'a.

'Auwē! Ke hiki mai nei nā ao uliuli.

Piha nā ao i ka ua!  E ua ana!

'Ōlelo 'o Māmā, "Kāpae, kāpae, kāpae!" Pe'ahi akula 'o ia i ka lima.  "Kāpae!  E hele ma kahi 'ē!"

Nīnau 'o Mele, "E ha'alele nā ao, e Māmā?"
" 'Ae," i pane ai kona makuahine, "no ka mea ka mana'o o kāpae, 'o ka ha'alele. Ua ha'i nā kūpuna i kēlā."

Ka'awale nā ao.  Pā mai ka lā.

Ma hope, ua nani ka lā!


Hau'oli 'o Maile a me Mele no ka mea e 'eli lāua i ke one.  E lele

lāua i loko o ke kai.


Ua ho'okū ka'a 'o Pāpā.

Holo 'o Mele a me Maile a hiki loa i kahakai.

Ua lohe ʻo Mele a me Maile i ke kani nui.  Nānā lāua i kahakai.

Ua nui nā keikikāne ma kahakai.  Kakani nui ko lākou leo.

Huli ʻo Mele iā lākou.  ʻŌlelo ʻo Mele, "Kāpae, kāpae, kāpae!"

Peʻahi akula ʻo ia i ka lima.  "Kāpae!  E hele ma kahi ʻē!"

'Aka'aka 'o Maile.

"E Mele!  Ha'alele nā ao, 'a'ole nā keikikāne!"

'Aka'aka pū 'o Mele.

Inoa: _____

# No ka ʻApo Manaʻo

He aha ka manaʻo no "kāpae"?

ʻO ka manaʻo no kāpae _____

_____

He aha ka hana a ka lima o Māmā, ma ka ʻōlelo ʻana iā kāpae?

Ua _____

_____

Inoa: _____

# No ka ʻApomanaʻo

He aha kou manaʻo?  E haʻalele ana nā keikikāne?

I koʻu manaʻo _____

_____

_____

Ke ʻike ʻoe i nā ao uliuli, e aha ana au e hana ai?  No ke aha?

Inā ʻike au i nā ao uliuli _____

_____

_____

Inoa: _____

# Ka'u Papa Hua'ōlelo

| Heluhelu | Kahaki'i | Wehewehe |
|---|---|---|
| kanu | | |
| pakī | | |
| ao | | |
| kakani | | |

Inoa: _____

# Heluhelu, Kākau, ʻŌlelo

E koho i hoʻokahi huaʻōlelo no nā hopunaʻōlelo ma lalo:

| ʻEli | Kanu | Lele | Peʻahi |
|------|------|------|--------|

_____
- - - - - - - - - - - -

ʻo Mele a me Maile i ka lua nui.

_____
_____

ʻo Mele iā Maile ma ke one.

_____
_____

ʻo Māmā i nā ao.

_____
- - - - - - - - - - - -

ʻo Mele a me Maile mai ka pōhaku.

Inoa: _____

# Heluhelu, Kākau, Kahakiʻi!

ao      a o     a o _____ _____ _____

kakani    kakani   kakani _____ _____

E kākau hou.

ʻIke au i ke ao.

_____

_____

Lohe au i ke kakani.

_____

_____

E kaha i nā ao ma luna o ka mokupuni.

# Heluhelu, Kākau, Kahaki'i!

pakī   pakī   pakī   ___   ___   ___   ___

E kaha i ka pakī ma hope o ka lele 'ana.

Ke lele au, pākī ke kai.

___
___
___

Inoa: _____

# Heluhelu, Kākau, Kahakiʻi!

E kākau hou.

keikikāne _____   _____

kakani _____   _____

E kahakiʻi i nā keikikāne kakani ma ke one.

Ke kakani a nā kāne!

_____
_____

Nā Ao Uliuli

# ʻO wai ka inoa i ka Lewa?

E kākau i kou inoa ma nā huapala ao.   Lāʻana:

# Ka Haʻawina Lawena

Inā e ua ana, he aha kaʻu ʻōlelo?

Kāpae, kāpae, kāpae!

## Moʻolelo 2: Hukihuki

He keiki lōʻihi ʻo Ana.

E hoʻokūkū ʻo ia ma ka Makahiki.


He keiki ikaika ʻo Ale.

E hoʻokūkū ʻo ia ma ka Makahiki.

Like ʻo Kai me ka pipi kāne.

E hoʻokūkū ʻo ia ma ka Makahiki.

Like ʻo Kela me ka puaʻa kāne nunui.

E hoʻokūkū ʻo ia ma ka Makahiki.

'O kēia ke kime no ka Makahiki.

Ua pono e loaʻa kekahi keiki hou aʻe.

Nonoi lākou i nā haumāna no ke kōkua.

"Pono e koho i kekahi mea hou aʻe no ke kime.

E koho mākou i ka mea ikaika loa!" i ʻōlelo ai ʻo Ana.

" ʻAe, e hoʻokūkū hukihuki kākou!" i ʻōlelo ai ʻo Ale.

Ua kiʻi lākou i ke kaula.  Ua hoʻokau ʻia ke kaula ma ka honua.

E hoʻokūkū hukihuki nā keiki.

Nui nā keiki i hoʻāʻo.

Lōʻihi kekahi mau keiki.  Nunui kekahi mau keiki.

A ikaika nā keiki a pau.

Akā, ua makemake kekahi kaikamahine 'o Alia e ho'ā'o.

'A'ole 'o ia i nui.

'A'ole 'o ia i lō'ihi.

Ua wīwī wale 'o ia e like me ke kaimina.

" 'A'ole paha 'oe e ho'ā 'o," i 'ōlelo ai

kekahi keikikāne. "Wīwī loa 'oe."

" 'A'ole paha 'oe e lanakila," i 'ōlelo ai

kekahi mea. "Pōkole loa 'oe."

Akā, ua makemake ʻo Alia e hoʻāʻo.

Ua ʻike ʻo ia i kekahi manaʻo mai kona tūtū mai. Ua ʻōlelo ʻo Tūtū,

" ʻAʻaliʻi kū makani. Ma ka makani nui, kū ka ʻaʻaliʻi. A hāʻule nā

kumulāʻau nunui."

Ua ukihuki 'o Alia me kekahi keikikāne nui.

Lanakila 'o Alia.

Ua ukihuki 'o Alia me kekahi keikikāne lō'ihi.

Lanakila 'o Alia.

Ua ho'ā'o kekahi keikikāne nunui.

Lanakila 'o Alia.

"E koho mākou iā Alia!" i 'ōlelo ai ke kime.

"Kohu mea he keiki li'ili'i 'o ia.  Akā ikaika 'o ia e like me ka 'a'ali'i!"

Inoa: _____

# Ka ʻApo Manaʻo

Ua manaʻo nā keiki, ʻaʻole i hiki iā Alia ke komo i ka hukihuki.  No ke aha?

No ka mea _____
_____
_____

Pehea i hōʻike ai ʻo Alia:  ʻAʻaliʻi kū makani?

Ua hōʻike ʻo Alia _____
_____
_____

Hukihuki

# Ka'u Papa Hua'ōlelo

| Heluhelu | Kahaki'i | Wehewehe |
|----------|----------|----------|
| 'a'ali'i |          |          |
| ho'okūkū |          |          |
| nonoi    |          |          |
| lanakila |          |          |

Inoa: _____

# Koho, Kākau, ʻŌlelo

| Ana | Ale | Kai | Kela | Alia |
|-----|-----|-----|------|------|

E koho.  A laila e hoʻopiha i nā hakahaka ma lalo iho.

ʻO wai e hoʻokūkū ma ka makahiki?

E hoʻokūkū ʻo _____ ma ka Makahiki.

E hoʻokūkū ʻo _____ ma ka Makahiki.

E hoʻokūkū ʻo _____ ma ka Makahiki.

E hanakope i ka hopunaʻōlelo me kou inoa!

_____
_____
_____

Inoa: _____

# Heluhelu, Koho, Kākau

E noʻonoʻo i kou mau hoaaloha.  A e hoʻopiha i nā hakahaka.

Kohu mea, hīmeni ʻo _____ e like me ka manu.

Kohu mea, hana ʻo _____ e like me Kumu.

Kohu mea, holo ʻo _____ e like me ka lio.

Kohu mea, lele ʻo _____ e like me ke kanakalū.

Kohu mea, ʻauʻau ʻo _____ e like me ka sila.

Inoa: _____

# Heluhelu, Kahaki'i, Kākau

E hanakope.

ho'okūkū

ho'okūkū

_____

_____

lanakila

lanakila

_____

_____

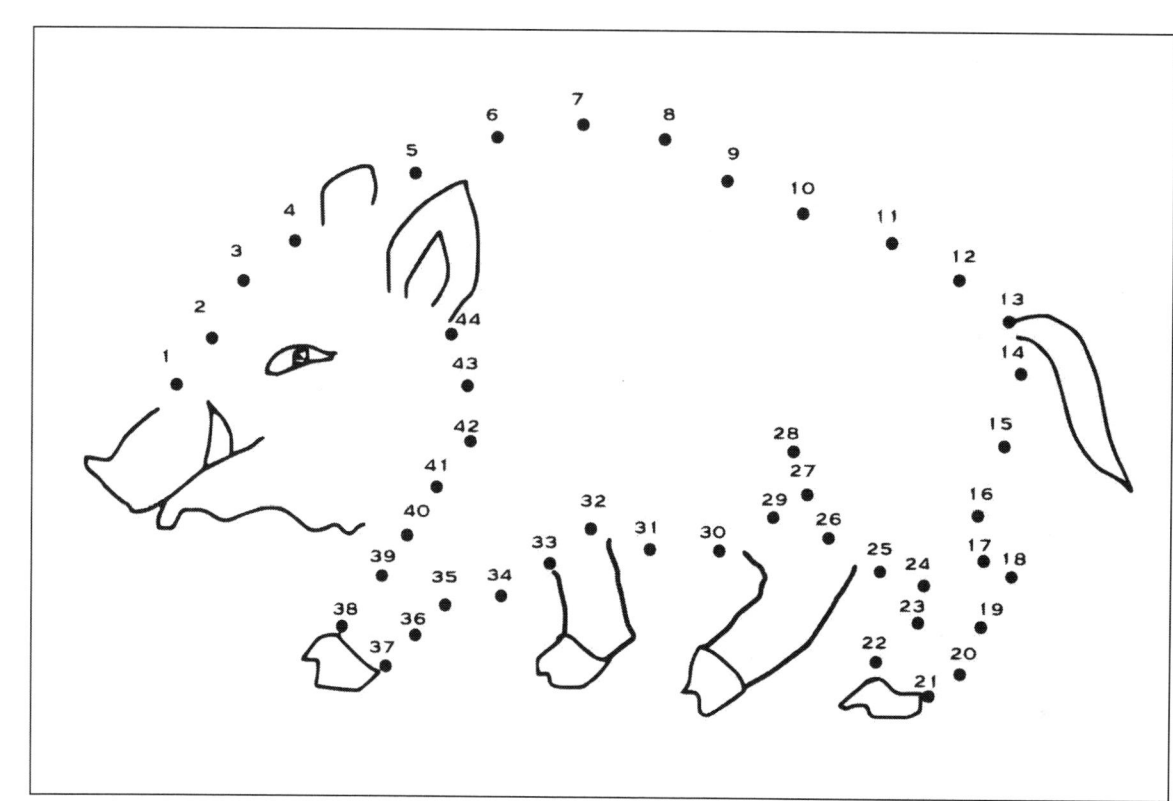

E ho'opiha i ka hakahaka.

Aia ka _____ i loko o ka pahu!

Inoa: _____

# Heluhelu, Kākau, Kahaki'i!

'a'ali'i    'a'ali'i    _____

E kahaki'i i 3 hou 'a'ali'i e nape nei i ka makani.

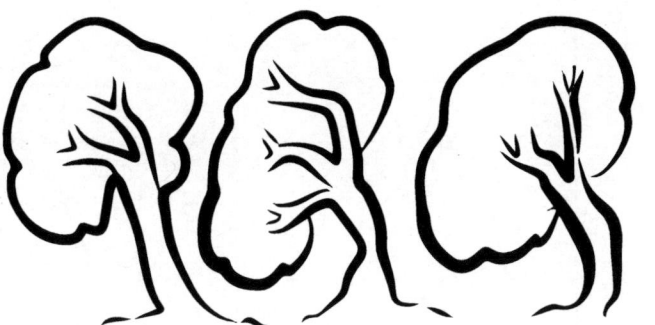

E hanakope.

E nape mai nei ka 'a'ali'i i ka makani.

_____

Inoa: _____

# Kākau Leka

nonoi  nonoi

_____    _____

E nonoi ʻoe!

E kākau i leka iā Māmā a i ʻole Pāpā.  E nonoi ʻoluʻolu i kekahi mea.

E haʻi ʻoe i ke kumu no ka ʻae i kou nonoi.

Aloha e _____

_____,

Ke nonoi nei au iā ʻoe e _____

_____

_____.

Manaʻo au e ʻae ʻoe no ka mea _____

_____

_____.

Mahalo nui.            Maiā, _____

_____

Inoa: _____

# Ka Haʻawina Lawena

I kaha i ke kiʻi e hōʻikeʻike i ka manaʻo o " ʻAʻaliʻi Kū Makani."

I kekahi manawa

ka mea liʻi i ka mea nui.

# Moʻolelo 3: Mahalo i ka Mea i Loaʻa

Ua noho ʻo Kalani ma lalo o ke kumulāʻau me Tūtū.

Noʻonoʻo a noʻonoʻo ʻo ia.

ʻŌlelo ʻo Kalani, "He hale ʻuʻuku koʻu, e Tūtū.  Nunui ka hale o Koa."

ʻAe ʻo Tūtū.

ʻŌlelo ʻo Kalani,

"He pāhale ʻuʻuku koʻu, e Tūtū.

Nunui ka pāhale o Koa."

ʻAe ʻo Tūtū.

ʻŌlelo ʻo Kalani, "He waihona lole ʻuʻuku koʻu, e Tūtū.

Nunui ka waihona lole o Koa."

ʻAe ʻo Tūtū.

ʻŌlelo ʻo Kalani, "He pahu mea pāʻani ʻuʻuku kaʻu, e Tūtū.

Piha ka lumi i nā mea pāʻani a Koa!"

ʻAe ʻo Tūtū.

"No ke aha, e Tūtū?" i nīnau ai 'o Kalani.

"No ke aha 'a'ole nunui ko'u mau mea?"

Ua pane 'o Tūtū, "E Kalani.  Ua lawa kou hale no ka 'ohana?"

" 'Ae, e Tūtū," i 'ōlelo ai 'o Kalani.

"A ua lawa kou pāhale no na meakanu a me na kumula'au?"

" 'Ae, e Tūtū," i 'ōlelo ai 'o Kalani.

"Ua lawa kou lole ma ka waihona lole o kou lumi?"

Ua pono 'o Kalani e no'ono'o.

Nui kona mau lole wawae.  Nui kona mau palule.

A nui kona mau lakeke, kekahi.

" 'Ae, e Tūtū," i 'ōlelo ai 'o Kalani.


"Ua lawa kau mau mea pā'ani?" i ninau ai 'o Tūtū.

" 'A'ole loa, e Tūtū.  Makemake au i ka lumi piha e like me Koa!"

" 'Auwe!" i 'ōlelo ai 'o Tūtū.

"Hauʻoli ʻoe ma kou hale...

ma kou pāhale...

me kou lole...

me kau mau mea pāʻani?"

i nīnau ai ʻo Tūtū.

Ua noʻonoʻo a noʻonoʻo ʻo Kalani.

Ua makemake ʻo ia i ka ʻohana i loaʻa iā ia.

A ua makemake ʻo ia i kona hale.

ʻAʻole ʻo ia i makemake e kuapo.

" ʻAe, e Tūtū," i ʻolelo ai ʻo Kalani.

Mino'aka 'o Tūtū, "Maika'i."

"No ka mea, ina hau'oli kakou,

'a'ole pono kekahi mea a'e.

Pono kakou e mahalo i nā mea i

loa'a!"

# No ka ʻApo Manaʻo

Ua moemoeā ʻoe no kekahi mea i loaʻa iā haʻi?  E wehewehe mai.

Ua moemoeā au _____

_____

Makemake ʻoe i kou hale a me kou lumi?  No ke aha?

Makemake au _____

no ka mea _____

_____

Inoa: _____

# Kaʻu Papa Huaʻōlelo

| Heluhelu | Kahakiʻi | Wehewehe |
|---|---|---|
| ʻuʻuku | | |
| pāhale | | |
| waihona | | |

Inoa: _____

# E Hoʻohālike!

Hoʻohālike ʻo Kalani i ke ʻano o nā mea nei:

| Ka pahu pāʻani a Kalani | Ka lumi pāʻani o Koa |
|---|---|
| He aha ke ʻano? <br> _____ <br> _____ | He aha ke ʻano? <br> _____ <br> _____ |
| E kahakiʻi. | E kahakiʻi. |

Inoa: _____

# Heluhelu, Kākau, ʻŌlelo!

E koho i hoʻokahi no nā hopunaʻōlelo ma lalo:

| hale | meakanu | lole | mea pāʻani |
|------|---------|------|-----------|

Aia ka _____ ma luna o koʻu kino.

Aia ka _____ ma ka pahu.

Aia ka _____ ma ka ʻaoʻao o ke alanui.

Aia ka _____ ma ka  pāhale.

Inoa: _____

# Heluhelu, ʻŌlelo, Kākau, Kahakiʻi!

E heluhelu a e ʻōlelo:  waihona

E kākau:  w a i h o n a    w a i h o n a    _____    _____

E heluhelu a ʻōlelo:  ʻuʻuku

E kākau:  ʻuʻuku   ʻuʻuku   _____   _____

E kahalina i ka ipu ʻuʻuku.

Inoa: _____

# Heluhelu, Kākau, Kahakiʻi!

E kākau hou.

Aloha ʻo Kalani iā Tūtū.

E kaha i ke kiʻi o Tūtū.

Aloha au iā Tūtū!

# Heluhelu a Kahakiʻi

E kaha i ke kiʻi.

| ʻUʻuku ka pōpoki | Nunui ka pōpoki |
|---|---|
| | |
| ʻUʻuku ke kalaka | Nunui ke kalaka |
| | |

Inoa: _____

# Ka Haʻawina Lawena

Eia ka mea i loaʻa iaʻu.

Mahalo au!

# Mo'olelo 4: Ke Kipa 'Ana

"E hele kākou!" i 'ōlelo ai 'o Māmā.

"E hele kākou i ka hale o 'Anakē Mele," i 'ōlelo ai 'o Pāpā.

Ua komo ka 'ohana i loko o ke ka'a.

"Alia," i 'ōlelo ai 'o Māmā.

"Poina au i kekahi mea."

Ua kali ka 'ohana ma ke ka'a.

Ho'i 'o Māmā i loko o ka hale.

Ua hoʻi mai ʻo Māmā me ke ʻeke.

He aha ka mea i loko o ke ʻeke?

"E Māmā, he aha ka mea i loko o ke ʻeke?" i nīnau ai ʻo Maile.

"He makana ia," i ʻōlelo ai ʻo Māmā.

" 'O kēia ka lā hānau o 'Anake Mele?" i nīnau ai 'o Maile.

" 'A'ole," i pane ai 'o Māmā. "Ke kipa kākou i kekahi kanaka, pono e lawe mai i kekahi mea."

Ua kalaiwa aku 'o Pāpā i ke ka'a. Ha'alele ka 'ohana.

I ka pule a'e, ua ho'omākaukau ka 'ohana e kipa iā 'Anakala Kamuela.

"E hele kākou," i 'ōlelo ai 'o Pāpā.

"E hele kākou i ka hale o 'Anakala Kamuela," i 'ōlelo ai 'o Māmā.

Ua loaʻa ke kūlolo iā ia.  Aia aku ke kūlolo ma ke pā meaʻai.

Ua loaʻa ka lipine ma luna o ke pā meaʻai.

Nani nō ka makana.

"He makana kēlā?" i nīnau ai ʻo Maile.

Ua kuhi ʻo ia i ke pā meaʻai.

" ʻAe," i ʻōlelo ai ʻo Māmā.  "*Pono e lawe i ka makana ke kipa ʻoe i*

*ka poʻe.*"

Ua makemake ʻo Maile i kekahi ʻāpana kūlolo.

Maliʻa paha, e mahele ʻo ʻAnakala me Maile.

Ma ka home, ua hele ‘o Maile i waho e pā‘ani.

E pā‘ani ana ‘o Kalani me Kama i waho.

He mau hoanoho lāua iā Maile.

"E hele kākou," i ‘ōlelo ai ‘o Kalani.

"E hele kākou i ka hale o Loke," i ‘ōlelo ai ‘o Kama.

"Alia," i ‘ōlelo ai ‘o Maile, "pono au e ki‘i i ka makana."

Ua komo ʻo Maile i loko o ka hale.

Nānā ʻo ia ma ʻō a ma ʻaneʻi.

He aha ka mea maikaʻi?  ʻAʻole i loaʻa ka makana iā ia.


"E Māmā," i kāhea ai ʻo Maile, "e hele ana au i ka hale o Loke.

Akā, ʻaʻole loaʻa ka makana iaʻu."

Ua minoʻaka ʻo Māmā.  "E huli kāua i kekahi mea maikaʻi."

Ua huli ʻo Māmā a me Maile i loko o ka lumi kuke.

Ma ke pākaukau, ua loaʻa nā kuki.

Ua hana ʻo Māmā i nā kuki ma ke kakahiaka.

"E ho'okomo kāua i nā kuki i loko o ka pahu," i 'ōlelo ai 'o Māmā.

"A mai poina i ka lipine," i 'ōlelo ai 'o Maile me ka mino'aka.

"A mākaukau kākou," i 'ōlelo ai 'o Maile iā Kalani me Kama.

"Loa'a ka makana. *Pono e lawe i ka makana ke kipa 'oe i ka po'e.*"

# No ka ʻApo Manaʻo

*"Pono e lawe i ka makana ke kipa ʻoe i ka poʻe."* He hana maikaʻi kēia?
E koho i hoʻokahi.

ʻAe, no ka mea _____

ʻAʻole, no ka mea _____

Makemake ʻoe e kipa iā wai?  Makemake ʻoe e makana iā wai?  No ke aha?

Makemake au e makana iā _____

no ka mea _____

Ke Kipa 'Ana

Inoa: _____

# Ka'u Papa Hua'ōlelo

| Heluhelu | Kahaki'i | Wehewehe |
|---|---|---|
| alia | | |
| makana | | |
| lipine | | |
| mali'a paha | | |

# Heluhelu, Koho, Kahakiʻi

E kahalina i ka huaʻōlelo **alia.**

| iala | alai | alia | laila |
|------|------|------|-------|
| aila | liana | aala | alia |

I kekahi manawa, pono ʻoe e kali?  Iā wai?  Iā Māmā?  I ke kaʻa ʻōhua?  E kaha i ke kiʻi o kāu kali ʻana.

Inoa: _____

# Heluhelu, 'Ōlelo, Kākau, Kahaki'i!

E heluhelu a e 'ōlelo:  **kipa** _____ _____

E kākau: kipa kipa ================ ================

E heluhelu a 'ōlelo:  **makana** _____

E kākau: makana makana ================ ================

E kahaki'i i kekahi makana maika'i.

Mākaukau e kipa aku!

Inoa: _____

# Heluhelu, Kākau, Kahakiʻi

alia  alia  alia  alia  _____  _____  _____

lipine  lipine  lipine  _____  _____  _____

E kōkua iā Maile i ka hāʻawi makana.  E hahai i ka laina a hiki i ka hale.

Hiki iā Maile ke _____.

# Heluhelu, Kākau, ʻŌlelo

## ʻAe?    ʻAʻole?    Maliʻa paha!

E kākau iā Maliʻa paha ma lalo nei.

Maliʻa paha e hoʻi mai ʻo Māmā.

Maliʻa paha ua kūʻai ʻo Tūtū i nā kipi.

Maliʻa paha e maʻalahi ka hana.

_____ ke hiamoe nei ʻo Kana Kaloka.

_____ ʻaʻole e loaʻa ka makana iaʻu!

# Ka Haʻawina Lawena

He aha ka hana ke kipa ʻoe?  E hoʻonaninani i ka pepa.  E kahakiʻi i ka līpine.

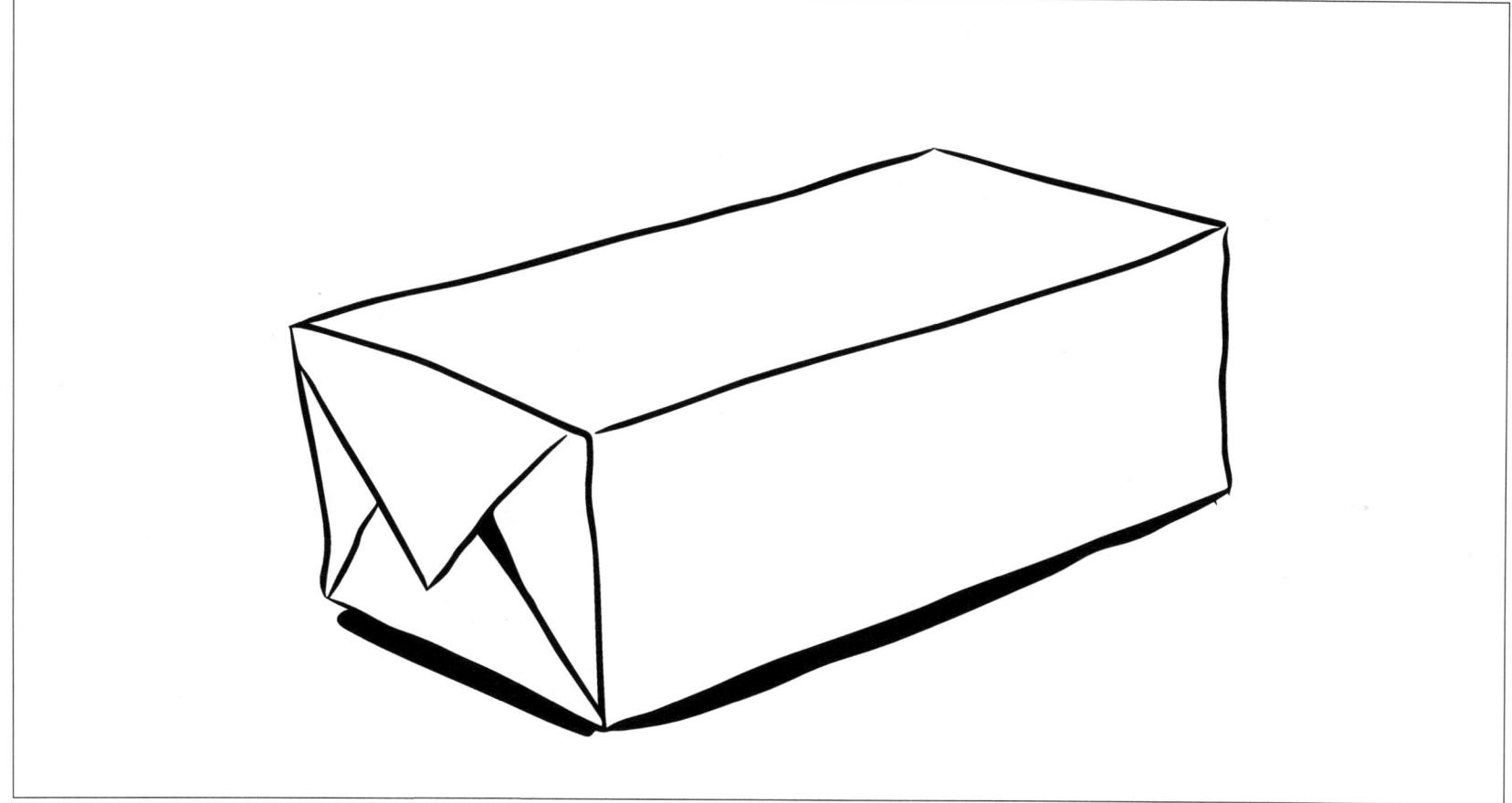

Pono au e hāʻawi _____

# Mo'olelo 5: Ka Ha'awina no Manu

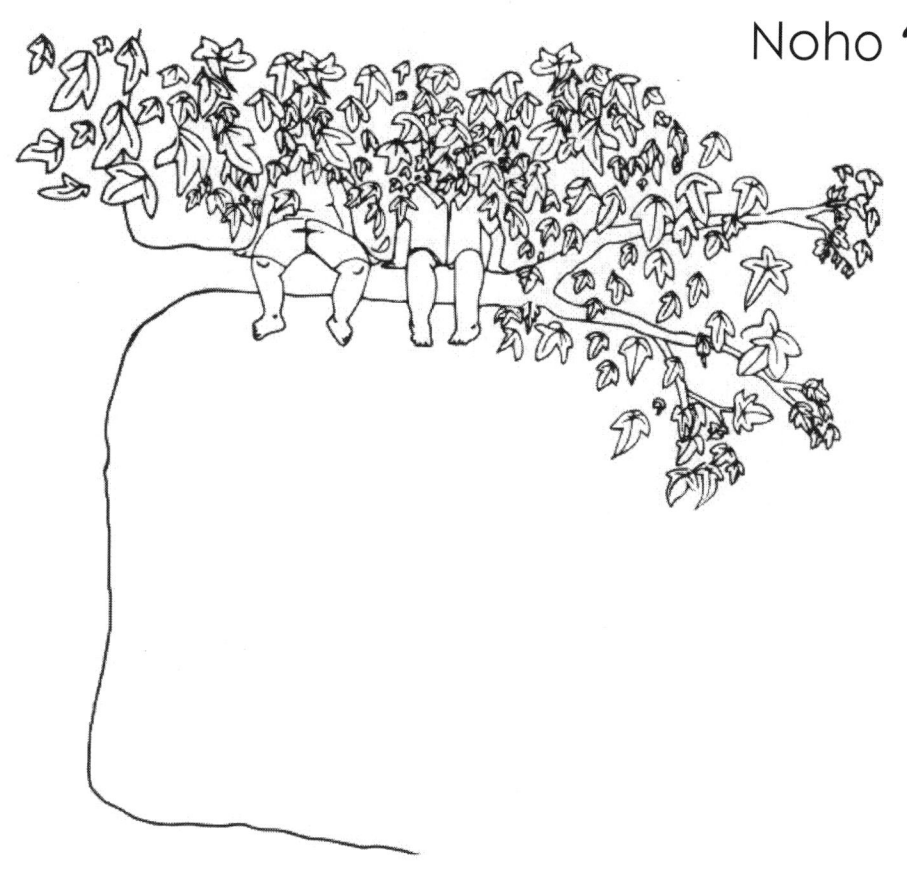

Noho 'o Nani ma luna o ka lālā.

Noho 'o Kuhiō ma luna o kekahi lālā.

E noho ana lāua i luna loa

ma ke kumu kukui.

Ua ʻike ʻo Nani a me Kuhiō i nā ʻelemākule ma lalo.

E noho ana lāua ma ka papa noho.

Aia ka papa noho ma lalo o ke kumu kukui.

E walaʻau ana lāua.

E walaʻau ana lāua

e pili ana i ka lawaiʻa.

"Ua loaʻa ka ʻuhu nunui iaʻu," i ʻōlelo ai hoʻokahi ʻelemakule.

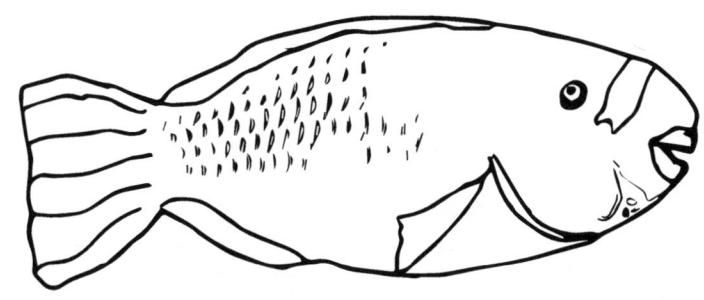

"Ua loaʻa ka weke momona loa iaʻu,"
i ʻōlelo ai kekahi ʻelemakule.

Ua hiki mai ʻo Manu a noho ʻo ia ma ka papa noho.

Ma hope, ua noho ʻo Kekoa ma ka papa noho.

ʻŌpiopio lāua.  Ua noho lāua me nā ʻelemākule.

Ua ‘aka‘aka ‘o Manu i nā ‘elemākule.

"Ua loa‘a ka ‘uhu nunui iā ‘oe?  Ma hea?  Ha-ha-ha!"

Nuku ‘o Kekoa iā Manu, "Mai ‘ōlelo pēlā i nā kūpuna!"

Nui a‘e ka leo o Manu, "Ua loa‘a ka weke momona iā ‘oe?

Ma hea ia?  Ha-ha-ha!"

Nuku hou ‘o Kekoa iā Manu, "Mai ‘ōlelo pēlā i nā kūpuna!"

Ua hoʻomaka nā ʻanoʻano kukui e hāʻule!

Kīloi ʻia nā kukui mai luna mai

o ke kumu kukui.

A hāʻule nā kukui

ma ke poʻo o Manu!

" ʻAuī!  ʻAuī!  ʻEha kuʻu poʻo!"

Ua nānā ʻo Manu i luna.  Nānā ihola ʻehā maka huhū iā ia.

Ua nānā ʻo Manu iā Kekoa.  Nānā akula ʻelua maka huhū iā ia.

Ma hope, ua noʻonoʻo ʻo Manu i kona kupuna kāne.

Ua noʻonoʻo ʻo ia i kona kupunahine.

Pehea inā hoʻohenehene nā keiki i kona mau Tūtū?

Makemake ʻo ia i nā keiki e ʻakaʻaka i kona mau Tūtū?

Ua hilahila ʻo ia.

"E kala mai," i ʻōlelo ai ʻo Manu i nā ʻelemākule.

Minoʻaka nā ʻelemākule.

Minoʻaka ʻo Nani, Kuhiō a me Kekoa.

Ua aʻo ʻo Manu i ka lawena: *Pono e hōʻihi i nā kūpuna*

Inoa: _____

# No ka ʻApo Manaʻo

Ua maikaʻi a maikaʻi ʻole ʻo Manu?

U̲a̲ ‗‗‗‗‗‗‗‗‗‗‗‗‗‗‗‗‗‗‗‗

_____

Ua nuku ʻo Kekoa iā Manu.  No ke aha?

U̲a̲ n̲u̲k̲u̲ ‗‗‗‗‗‗‗‗‗‗‗‗‗‗

n̲o̲ k̲a̲ m̲e̲a̲ ‗‗‗‗‗‗‗‗‗‗‗‗

_____

_____

# No ka ʻApo Manaʻo

No ke aha i hoʻololi ai ʻo Manu i kona manaʻo?

No ka mea _____

_____

_____

A he aha ka ʻōlelo a Manu ma hope?

Ua _____

_____

_____

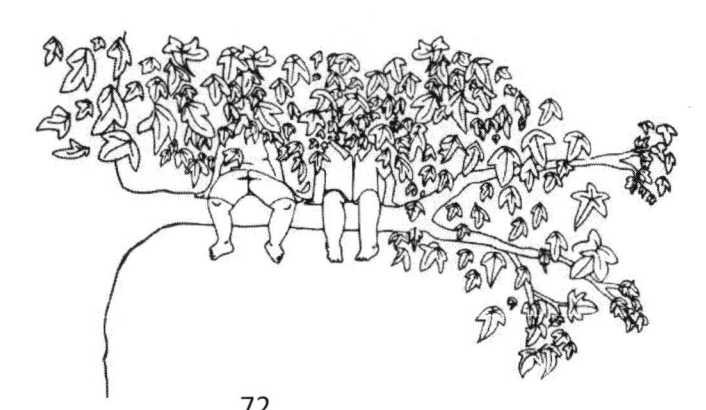

Inoa: _____

# Kaʻu Papa Huaʻōlelo

| Heluhelu | Kahakiʻi | Wehewehe |
|---|---|---|
| uhu | | |
| weke | | |
| ʻōpiopio | | |
| hōʻihi | | |

Ka Haʻawina                          Inoa: _____

# E  Hoʻohālike!

E hoʻopiha i nā hakahaka ma lalo me hoʻokahi:    he ʻumiʻumi     nā niho ikaika

| Ka Uhu | Ka Weke |
|---|---|
| Loaʻa _____ i ka uhu. | Loaʻa _____ i ka weke. |
|  |  |

ʻO wai ka iʻa me ka ʻumiʻumi?  ʻO wai ka iʻa me ka niho ikaika?  E kahakiʻi.

Like nā iʻa? _____

# Heluhelu, Kākau, ʻŌlelo

E koho i hoʻokahi no nā hopunaʻōlelo ma lalo:

| ke kaʻa | ka lole ʻauʻau | ke kāwele | ka pāpale |
|---------|----------------|-----------|-----------|

Loaʻa _____ iā wai?   Loaʻa ke kaʻa iaʻu.

Loaʻa _____ iā wai?   _____

Loaʻa _____ iā wai?   _____

Loaʻa _____ iā wai?   _____

# Heluhelu, ʻŌlelo, Kākau, Kahakiʻi!

E heluhelu a e ʻōlelo:  uhu

E kākau:  u h u    u h u    u h u  _____  _____

E Heluhelu a ʻōlelo:  **weke**

E kākau:  w e k e    w e k e    w e k e  _____  _____

E kahakiʻi i ka lawaiʻa me ka uhu a me ka weke.

Inoa: _____

# Heluhelu, Kākau, Kahakiʻi

hōʻihi    hōʻihi

hōʻihi    hōʻihi

Hōʻihi ʻoe i kekahi kanaka? ʻO wai? E kahakiʻi.

Hōʻihi au _____

Inoa: _____

# E Kākau Huaʻōlelo Hou

E kahalina i ka huaʻōlelo **ʻōpiopio**.

| | | |
|---|---|---|
| ʻopiʻopi | ʻopihi | ʻōpiopio |
| piopio | ʻoiʻoi | ʻoʻopu |
| ʻoʻopio | ʻōpiopio | ʻopiʻipo |

E kahakiʻi i ka piopio moa.

Aia ka piopio ma ka pāumu.

ʻO ka piopio he moa pēpē.

Inoa: _____

# Ka Haʻawina Lawena

Pehea kākou e hana ai i nā kūpuna?

Pono e _____

# Ka ʻAoʻao Haʻawina Kumu

| Moʻolelo | Pahuhopu | Nā Huaʻōlelo Hou | Manaʻo Kahua | Ke Ana ʻana |
|---|---|---|---|---|
| Nā Ao Uliuli | Lawena: Kāpae ka Ua | kanu pakī ao kakani | | Fountas & Pinnell D Lexile 80-450 |
| Hukihuki | Lawena: ʻAʻaliʻi kū makani | ʻaʻaliʻi hoʻokūkū nonoi lanakila | hoʻohālike kohu mea | Fountas & Pinnell D Lexile BR-100 |
| Mahalo i ka Mea i Loaʻa | Lawena: Mahalo i ka mea i loaʻa | ʻuʻuku pāhale waihona | hoʻohālike ʻuʻuku nunui | Fountas & Pinnell D Lexile 80-450 |
| Ke Kipa ʻAna | Lawena: Makana no ke Kipa ʻAna | alia makana lipine maliʻa paha | Malia, paha | Fountas & Pinnell D Lexile 80-450 |
| Ka Haʻawina no Manu | Lawena: Hōʻihi i nā kūpuna. | uhu weke ʻōpiopio hōʻihi | loaʻa | Fountas & Pinnell D Lexile 80-450 |

Made in the USA
Columbia, SC
27 September 2024